La causa

Obra de teatro en tres actos

Para ver la obra:
La causa

Escanea el código QR

Dr. Sultán bin Muhammad Al Qasimi

La causa

Obra de teatro en tres actos

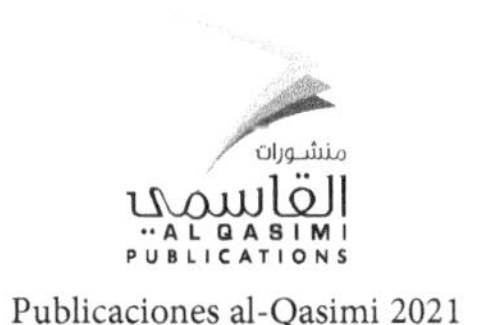

Publicaciones al-Qasimi 2021

Título del libro: La causa (Obra de teatro en tres actos)
Nombre del autor: Dr. Sultán bin Mohammed Al-Qasimi
(Emiratos Árabes Unidos)
Nombre del editor: Publicaciones al-Qasimi
Sharjah, Emiratos Árabes Unidos
Edición: Primera
Año de publicación: 2021

Traducida del árabe Por: Mohamad Nazir Homsi
Texto revisado por: Iván de la Rosa Vives

ISBN 978-9948-469-20-9
Autorización de impresión:
Consejo de medios nacionales Abu Dhabi
No. MC-03-01-4327030, fecha: 02-04-2021
"El grupo de edad que corresponde al contenido de los libros ha sido clasificado según el sistema de clasificación por edades publicado por el Consejo Nacional de medios"
El grupo de edad: E

Sharjah, Emiratos Árabes Unidos

Publicaciones Al Qasimi, Al Tarfa, Sheikh Mohammed Bin Zayed Road
PO Box 64009 Sharjah, Emiratos Árabes Unidos
Tel: 0097165090000, Fax: 0097165520070
Correo electrónico: info@aqp.ae

Índice

Introducción 7

Reparto: (Por orden de aparición) 9

Primer acto 13

Primera escena 15

Segunda escena 18

Tercera escena 23

Segundo acto 25

Primera escena 27

Segunda escena 29

Tercera escena 30

Cuarta escena 37

Quinta escena 40

Tercer acto 41

Primera escena 43

Segunda escena 46

Tercera escena 49

Cuarta escena 53

Quinta escena 55

Sexta escena 59

Introducción

De mi lectura de la historia de la nación árabe, encontré que lo que sucedió es similar a lo que está sucediendo ahora en los acontecimientos árabes, como si la historia se repitiera... Así que escribí esta obra desde una perspectiva histórica de una realidad dolorosa.

Los nombres de los personajes, lugares y eventos de esta obra son reales. Y cada frase de este texto indica claramente lo que le está sucediendo a la nación árabe.

El autor

Reparto:
(Por orden de aparición)

Testigo de la historia

Propietario del caso

Los monarcas de las taifas:

El rey de los Banu Sumádih (rey de Almería (

Rey de los Banu Ziríes (rey de Granada)

Rey de los Banu Ámir (rey de Valencia)

Rey de los Banu Yawar (rey de Córdoba)

Rey de los abadíes (rey de Sevilla)

Rey de los Banu Muzayn (rey de Silves)

Rey de los Banu Mujahid (rey de Denia)

El rey de Banu Di-l-Nun (rey de Toledo)

Rey de los Banu Hud (rey de Zaragoza)

El rey de Banu Al-Aftas (rey de Badajoz)

Rey de los hamuditas (rey de Isla Verde y Málaga)

El rey de los Banu Birzal (rey de Carmona)

(Voz en off entre bastidores) (1)

Yúsuf ibn Tasufín

Al-Mu'támid ibn Abbad

Dignatario (1)

Dignatario (2)

El rey Fernando

Abu Al-Ghassan

Sr. Rami

Ministros

Líderes

Soldados

Séquitos

Dignatario (3)

Abdul Cazim Abdelmalig

Ibn Sari

Mayordomo

Boabdil el chico

El comandante Abulqasim Al Malíj

Reina Isabel

Oficiales

Sacerdotes

Curas

Papa de Roma

Aixa (madre de Boabdil)

(Voz en off entre bastidores) (2)

Una voz interior en off

Hombres de la resistencia (Ahmed, Muhammed, Abdullah)

Señora de las Alpujarras

Comandante español

Oficial español

Soldados españoles

Musulmanes (Un grupo de demostración / un grupo de desplazados / un grupo de la Inquisición).

Un militar

Un juez de la Inquisición

Un viejo musulmán

Algunos musulmanes (1-6)

Primer acto

Primera escena

El telón se abre a una vista de una plaza. En sus lados cuelgan telas de colores que muestran las banderas de los países.

Por un lateral del escenario entra un hombre mal vestido, mira a su alrededor y contempla esas banderas y, mientras tanto, un anciano de barba larga entra con un palo y un libro enorme bajo el brazo.

El hombre vestido en mal estado simboliza a aquel "que tiene un caso" y el hombre de barba larga simboliza al "testigo de la historia".

Propietario del caso: Estimado anciano, ¿Es usted el juez?

Testigo de la historia: ¿Por qué lo preguntas?

Propietario del caso: Tengo un caso.

Testigo: ¡Oh, hijo! ¡Soy un testigo!

Propietario del caso: Testigo en el tribunal.

Testigo: No, soy testigo de la historia.

Propietario del caso: ¿Qué tienes en tus manos?

Testigo: La historia.

Propietario del caso: ¿Para qué sirve?

Testigo: Para un gran beneficio.

Propietario del caso: ¿Me dices por favor cómo puedo beneficiarme?

Testigo: Hay personas que no la leyeron y no se beneficiaron de ella... Y personas que la leyeron y no la entendieron y estos, tampoco se beneficiaron... Y las personas que la leen, la entienden y actúan en consecuencia. Estos se benefician de la historia.

Y tú, ¿De cuál de estas categorías eres?

Propietario del caso: Quiero ser del último tipo, quiero leerla, entenderla y trabajar con ella porque tengo un caso.

Testigo: Entonces ven y lo leeremos juntos.

(El testigo coloca el libro en una mesa con dos sillas situadas a un lado del escenario. El testigo y el propietario del caso se sientan y el testigo comienza a leer la historia del libro).

Testigo: La historia de los romanos.

Propietario del caso: No, no, esta no es nuestra.

Testigo: La historia de los persas.

Propietario del caso: Tampoco esta.

Testigo: Historia de los árabes en Andalucía.

El Propietario del caso: ¡Oh, Dios mío! ¡Dios mío! Vamos, escuchemos a los cantantes y poetas.

Testigo: (Y le gana al libro) Esta es la historia de un pueblo y su sufrimiento.

(El propietario del caso se da la vuelta, asustado...)

Testigo: No temas, esto es historia.

El Propietario del caso: Lo sé... Pues ayúdame, que el dios te ayude.

(El testigo lee del libro)

Testigo: Había un gran Estado árabe en Andalucía que se perdió cuando las almas difirieron en la casa Omeya a principios del siglo XI, y ese Estado se dividió en doce reinos conocidos como reinos de taifas.

(Fundido a negro)

Segunda escena

(La escena comienza con tres golpes, luego una voz dice):

Voz en off: Los reyes de las taifas

(Entran los monarcas de las taifas)

1- El rey de los Banu Birzal (rey de Carmona)

2- El rey de los Banu Muzayn (rey de Silves)

3- El rey de los Banu Mujahid (rey de Denia)

4- El rey de los Banu Sumádih (rey de Almería)

5- El rey de los Banu Yawar (rey de Córdoba)

6- El rey de los Banu Di-l-Nun (rey de Toledo)

7- El rey de los abadíes (rey de Sevilla)

8- El rey de los Banu Ámir (rey de Valencia)

9- El rey de los Banu Hud (rey de Zaragoza)

10- El rey de Banu Al-Aftas (rey de Badajoz)

11- El rey de los Banu Ziríes (rey de Granada)

12- El rey de los hamuditas (rey de Isla Verde y Málaga)

Comienza una conmoción entre los reyes de los taifas e Ibn Sumádih, el rey de Almería, avanza diciendo:

Ibn Sumádih: ¡Oh! Vosotros, Banu Ziríes, conquistasteis Granada y comenzáis a atacar nuestras tierras. Os ha engañado la gran extensión de vuestras tierras y vuestra horda, no nos asustáis, porque tenemos a alguien que nos ayudará.

Rey de Granada: ¡¿Qué quieres decir con que tenéis a alguien que os ayudará?! ¿Recurriríais a los enemigos del islam y a nuestros enemigos? Por Dios, no nos asustamos, ¡Oh! Banu Sumádih, ni tampoco tememos a vuestros aliados.

(Se eleva otra voz, diciendo):

Voz: ¿Nosotros qué debemos hacer, ¡Oh! Banu Ámir, si el rey de los Banu Yawar, de Córdoba, está intentando anexar nuestro reino, Valencia, a su territorio? Estábamos antes que él en esa ciudad.

(El rey de los Banu Yawar se adelanta)

Rey de los Banu Yawar: Valencia no representa un reino, ¿Cuáles son tus cualidades para ser un rey?

¿Rey de una ciudad?

(Luego se vuelve hacia el rey de los hamuditas y le dice):

Rey los Banu Yawar: Escucha, Ibn Hamud. Si tu reino está en la costa y nos controla la llegada de las importaciones poniéndonos altos impuestos... Entonces en Córdoba nos privamos de la salida a la costa y por tanto tenemos justificación para ocupar tus tierras para poder encontrar una salida al mar.

(Los demás están en peleas constantes).

(Aquí entra un caballero noble con una espada en la mano que les apunta a la cara e increpa diciendo:

Caballero noble: ¡Basta Ya! ¡¿Estáis peleando cuando el enemigo se prepara para abalanzarse sobre vosotros uno a uno?!

Ninguno de vosotros puede luchar contra los enemigos solo...

Vuestra fuerza está en vuestra unión... Vuestra fuerza está en conciliar las diferencias entre vosotros...

Vuestra fuerza está en vuestra cooperación en todo, y esto es lo que nos beneficiará a todos.

Debéis saber que vuestro enemigo no dejará de mataros, de robaros y de ocupar vuestras tierras a menos que os unáis y luchéis, sin embargo os habéis separado y habéis comenzado a pelear entre vosotros...

Peleáis entre vosotros y el enemigo os está esperando detrás cada reino y de cada individuo. Es un error marcharse, desertar o abandonar. No, consulté a notables y juristas y me apoyaron, y ellos me apoyan en la defensa de Andalucía y la lucha por su gloria y unificación.

Hay una gran nación detrás de ti... la nación del islam.

Los musulmanes solo serán sinceros con nosotros si somos fieles a nosotros mismos. Nos ayudarán si encuentran en nosotros la determinación de esforzarnos y respetar la fe. Seamos como una estructura compacta que fortalece los unos a los otros. Devolvámosles la fuerza con la que derrotaremos a nuestro enemigo, el enemigo de Dios.

(Los reyes de los reinos de taifas ofrecen una silla para Yúsuf ibn Tasufín se siente en ella, y entonces uno de ellos dice):

Uno de los reyes: Todos estamos contigo.

Ibn Abbad: Hermanos míos, hace tiempo me alié con Alfonso, el rey de Castilla, en contra de todos mis hermanos, y ahora os anuncio que lo lamento profundamente, porque Alfonso traicionó los tratados que firmamos y me amenazó a mí y a todos mis hermanos musulmanes.

Yo estoy contigo, unificador de reinos, no quiero que me caiga una maldición por mi alianza con el enemigo. Por Dios, preferiría convertirme en un seguidor del sultán Yúsuf ibn Tasufín y un pastor de sus camellos, a ser un seguidor del codicioso rey de los cristianos. Pastar camellos es mejor para mí que pastar cerdos. Todos estamos contigo.

(Yúsuf ibn Tasufín responde):

ibn Tasufín: Ahora podemos luchar contra los enemigos después de la unificación de estos reinos... ¡Oh soldados! Seguidme para luchar contra los enemigos... A Zalaca (Sagrajas)[1].

(Yúsuf ibn Tasufín sale del escenario)

(Oscuro)

1- La batalla de Sagrajas o Zalaca, se libró en Sagrajas, en las proximidades de Badajoz, el 23 de octubre de 1086, entre las tropas cristianas de Alfonso VI de León y las almorávides de Yúsuf ibn Tasufín, con la derrota de las primeras.

Tercera escena

(El propietario del caso se dirige al testigo)

Propietario del caso: ¿Quién es?

Testigo: Este es Yúsuf, el que unió a los dos países.

Propietario del caso: Yúsuf Saladino.

Testigo: Este es Yúsuf ibn Tasufín, líder de los Almorávides. Unificó Al-Ándalus, luego la anexionó a Marruecos y derrotó a los españoles en la batalla de Zalaca.

Propietario del caso: ¿Y qué pasó luego con los Almorávides?

Testigo: Los Almohades los exterminaron.

Propietario del caso: ¿Los Almohades?

Testigo: Sí... los Almohades, solo de nombre, pero

de hecho están divididos. La mayor parte de Andalucía se perdió debido a sus acciones, quedando solo el reino de Granada y sus reyes, los de los Banu al-Ahmar.

Propietario del caso: ¿Se quedaron solos frente a los enemigos?

Testigo: Sí, un largo tiempo, hasta que llegó la paz.

Propietario del caso: ¿La paz?

Testigo: Sí, así está escrito en la historia.

Propietario del caso: ¿Qué pasó con los Banu al-Ahmar?

Testigo: Repasemos la historia para ver lo qué pasó.

(Oscuro)

Segundo acto

Primera escena

(Escenario iluminado)

Lugar: La Alhambra de Granada, Andalucía.

Fecha: Mes de Muharram 897 AH. Correspondiente a noviembre de 1491 d. C.

La escena: El Consejo de Boabdil (el chico) en el Palacio de la Alhambra: Varios dignatarios, líderes y sequitos deambulan por el Consejo, hablan en pequeños grupos, y sus rostros muestran signos de emoción.

(Entra uno de los dignatarios y pregunta):

Dignatario (1): ¿Dónde está el rey Boabdil?

Uno de los dignatarios: Está en su palacio "Al-Mukhtasar" preparándose para recibir a Zafra, el delegado de los enemigos españoles.

Dignatario (1): Todas nuestras desgracias vinieron por culpa de este maldito diablo. Su amigo, el ministro traidor Yusuf Ibn Camacha, fue asesinado y enviado a los cabecillas españoles. Y ahora, ¿a quién le miente Zafra?

Dignatario (2): Ahora le miente a nuestro magno rey.

Dignatario (1): No hay poder sino de Dios.

Abu al-Ghassan: Yo... Os invito a pensar detenidamente antes de aceptar.

Os exhorto a permanecer firmes por el bien de nuestra religión y nuestra nación.

Estoy dispuesto a ser el primero en ser martirizado, a no rendirme para sobrevivir en la humillación y el deshonor...

Sr. Rami: ¡Oh, Abu al-Ghassan!, su majestad el rey ha ordenado que vaya una delegación nuestra, de los dignatarios de Granada, a informar a su alteza el rey Fernando... Porque estamos listos para firmar el tratado de paz.

Abu al-Ghassan: Más bien, rendirse. Os presagio, musulmanes, que seréis los primeros en ser expulsados y deportados de la patria, no os engañéis. Vuestro camino os llevará a la perdición.

Sabed que no nos queda nada por lo que luchar excepto por la tierra en la que nos encontramos, y cuando se pierda, no tendremos nombre ni patria.

(Apagón y música)

Segunda escena

(Iluminación sobre el testigo y el propietario del caso)

Propietario del caso: ¿Qué pasó...?

Testigo: Lo que pasó es que el ministro y los dignatarios fueron a negociar con los españoles y luego regresaron con el llamado Hernando de Zafra... Portando documentos y cláusulas de los reyes católicos para firmarlas.

Ahora verás cómo el Rey Boabdil (el chico) recibió el tratado de **Zafra**, para leerlo y aprobarlo.

(Apagón con música)

Tercera escena

(Dentro del palacio de La Alhambra)

(El rey sale con Hernando de Zafra y lo despide. Luego Zafra se inclina ante el rey y camina de espaldas y de cara al rey inclinándose varias veces hasta que sale del Consejo.

Los ministros y líderes se reúnen alrededor del rey, excepto en el lado que está frente al público)

El rey: ¿Sabes lo que pretende Zafra en esta reunión? Ofrece un tratado de paz entre los españoles y nosotros. De hecho, no estoy de acuerdo con este tratado de paz. Y os he reunido hoy para discutir sobre lo que ofrecen los españoles.

Abu al-Ghassan: ¿Se nos permite ver el tratado?

El rey: Sí. El primer artículo de este tratado dice:

(Y comienza a leer de un montón de artículos)

El rey de Granada, los caudillos, juristas, vigilantes, alfaquíes y dignatarios de la ciudad de Granada y sus alrededores deberán entregar la ciudad de Granada así como las llaves de puertas de la mencionada ciudad a sus altezas el rey Fernando y la reina Isabel o a quien delegue para representarlos, en un plazo máximo de sesenta días a partir del 25 de noviembre de 1491 d. C., así como todos los fuertes de La Alhambra y del Albaicín y las llaves de sus puertas.

Abu al-Ghassan: Pero, mi señor, esto es más una rendición que un tratado de paz.

(Entonces uno de los dignatarios, cuyo nombre es Abdul Cazim Abdelmalig, se rebela y dice:)

Abdul Cazim Abdelmalig: Pero estamos atrapados.

Abu al-Ghassan: Que así sea, podemos resistir durante mucho tiempo.

(Ibn Sari, uno de los notables, lidera el camino):

Ibn Sari: Moriremos de hambre y nuestros hijos sucumbirán.

Abu al-Ghassan: Estos alimentos llenan el mercado.

Abdul Cazim Abdelmalig: Sé, Abu al-Ghassan, que nuestras existencias de cereales se agotaron mientras estuvimos sitiados. La ciudad contiene doscientos mil habitantes, los cuales tienen hambre y piden sustento.

El rey: Entonces dime, ¿Qué haremos ahora?

Abdul Cazim Abdelmalig: ¡Oh rey! Nosotros los dignatarios de Granada no vemos otra opción que rendirnos.

El rey: No me rindo. Firmo un tratado de paz.

Abu al-Ghassan: Que mi señor, el rey, me autorice: Creo que es prematuro rendirse y firmar la paz... Nuestros recursos aún no se han agotado, porque nos queda Egipto... Egipto nos echará una mano.

Abdul Cazim Abdelmalig: Dime, por tu señor, ¿Cómo ayudarán a Granada...? ¡Y Granada sitiada...! ¿Cómo sobreviviremos? ¿Con armas...?

(Sr. Rami, uno de los dignatarios):

Sr. Rami: ¿Y dónde tenemos las armas con las que resistiremos?

Abu al-Ghassan: Las armas entran en Granada todos los días... a través de los mismos españoles.

(Entra el Mayordomo y dice):

El mayordomo: Su majestad, la madre del rey.

(La madre del rey hace una mueca, mirando a su hijo, el rey, mientras se da la vuelta como para menospreciarlo):

Madre del rey: ¿¡Te rindes?! ¡Tú te rindes?!

El rey: No, madre, aceptaré la opinión de los líderes del Consejo.

La madre del rey: ¿Quiénes son los líderes del Consejo? ¡¡ ¿Estos?!!

(Y señala a Abdul Cazim Abdelmalig mientras lo examina personalmente):

La madre del rey: ¿Quién? ¿ Abdul Cazim Abdelmalig?

(Luego se refiere a Ibn Sari):

La madre del rey: ¿Quién? ¿Ibn Sari?

(Luego señala al Sr. Rami y dice):

La madre del rey: ¿Quién? ¿El Sr. Rami?

Madre del rey: ¡¿Dónde está tu tío, tu aliado y tu apoyo? Fue asesinado por una mano pecadora para dar paso a que el documento de rendición pasara en este lamentable momento...

Veo los pasillos de La Alhambra aislados y desiertos, con las luces apagadas.

¡Qué dolor... Se apagaron las luces de La Alhambra!

(Lo repite varias veces cuando sale y se convierte en un gran eco).

(La madre del rey sale enojada, mientras los líderes tienen la cabeza agachada por la vergüenza y la deshonra, y los acusados están furiosos)

(Abdul Cazim Abdelmalig, Ibn Sari y Sr. Rami salen de las filas, avanzan hacia el rey, y sus rostros se enojan mientras repiten)

Abdul Cazim Abdelmalig, Sr. Rami y Ibn Sari: Nos damos por vencidos... Nos rendimos... Es mejor que desperdiciar nuestro dinero.

(Aquí interviene el rey):

El rey: No, no nos rendiremos, pero concluiremos un tratado de paz entre los españoles y nosotros. Permitidme leeros el resto de los términos del tratado.

¡¿Dónde estábamos?!

- Ah... Después de entregar las torres y castillos, sus majestades Fernando e Isabel ordenarán que ningún cristiano trepe el muro entre la Alhambra y el Albaicín, no fuera a descubrir la vergüenza de los musulmanes en sus hogares... Y si alguien viola estas instrucciones, le será infligido un severo castigo.

Uno de los dignatarios: ¡Qué gente tan respetable!

(El rey sigue leyendo el tratado):

- Para garantizar la seguridad del cumplimiento de estas disposiciones, Boabdil, el rey de Granada, entregará a los españoles quinientos hijos e hijas de la clase alta de la ciudad y sus suburbios, un día antes de la entrega de La Alhambra, acompañado del Mayordomo **Yusuf Ibn Camacha** para que todos sean rehenes hasta que se entreguen los castillos y fortalezas.

- Los musulmanes cubiertos por este acuerdo serán tratados con honor, sus costumbres y tradiciones respetadas, y los líderes y juristas recibirán los derechos de los que gozaron durante la época de Boabdil tal y como eran, y esos derechos les serán reconocidos.

- Cualquier problema o inconveniente que ocurra entre musulmanes deberá ser juzgado por jueces musulmanes, de acuerdo con las disposiciones de la ley islámica, como es costumbre...

-Una mujer cristiana que se hubiera casado con un musulmán y abrazase la religión islámica no podrá ser obligada a regresar al cristianismo sin su consentimiento.

- Si un cristiano, hombre o mujer, se hubiera convertido previamente al islam antes de la conclusión de este acuerdo, entonces ningún cristiano tendrá derecho a amenazarlo o dañarlo de ninguna manera, y quien lo haga será castigado.

(Boabdil camina):

Boabdil: Hay muchos términos... Podéis leerlos para luego firmar este tratado.

(Luego Boabdil manda llamar):

Boabdil: ¡El comandante Abulqasim Al Malíj!

(Entra un hombre con unos papeles en la mano, y el rey le dice):

El rey: Ven conmigo.

(Ambos ingresan a otro pasillo)

(Uno de los dignatario se adelanta)

Dignatario (1): Abu al-Ghassan: ¿Qué son estos papeles?

Dignatario (2): Este es otro acuerdo altamente confidencial adjunto al tratado e incluye los derechos, deberes, obligaciones y privilegios otorgados a Boabdil, el rey de Granada, su familia y su séquito.

Abu al-Ghassan: ¿Se nos permite verlo?

Dignatario (2): No, no se os está permitido.

Dignatario (3): ¿Qué crees que contienen?

Dignatario (2): Dios sabe lo que contiene

(Fundido a negro)

Cuarta escena

(La luz vuelve inmediatamente al lugar de la firma del acuerdo. Una mesa con el acuerdo cerca del público, una silla para **Boabdil***, otra para el rey Fernando y una tercera para la reina Isabel. A ambos lados del escenario hay sillas para los funcionarios de ambos lados)*

(Los funcionarios entran a escena y toman sus lugares).

(Voz en off entre bastidores):

Voz en off: Rey Boabdil el chico, rey de Granada

(Entra **Boabdil** *desde el fondo del lado derecho y se pone de pie en el centro del escenario más cerca de la derecha).*

(Voz en off entre bastidores):

Voz en off: El rey Fernando de España y la reina Isabel de España.

(Los dos entran por el lado izquierdo y se ponen de pie en el centro del escenario, cerca del lado izquierdo).

(Voz en off entre bastidores):

Voz en off: Patrono del proceso de paz, Papa de Roma.

El Papa de Roma entra desde el fondo del escenario y se pone de pie entre **Boabdil** y el rey Fernando, y todos caminan con la reina hacia una mesa, y el Papa coloca sus manos detrás de las espaldas de las dos partes como si las estuviera cuidando.

Los reyes de España y **Boabdil** se sientan en las sillas, comienza la ceremonia de la firma, el Papa los rodea con ambas manos y el público aplaude.

Una voz interior: Firma.

Otra voz interior: No firmes... La fuerza está por encima de la ley. Los textos son elaborados... Y las propuestas son generosas.

Una voz interior: Firma... Aunque el fraude verbal es posible.

No firmes... Las intenciones están ocultas...

Firma...

No firmes...

Firma... Firma

(Se produce una firma entre las dos partes, después intercambian documentos entre ellos para ser fir-

mados, a continuación se estrechan la mano y luego cada uno se retira por su lado)

(Fernando entrega los documentos a un sacerdote de su séquito y le susurra al oído)

Un sacerdote: ¿A qué esperan, señores?

¡Las llaves! ¡Entreguen las llaves, de prisa!

(Dos sostienen las llaves, colocadas sobre almohadas, y se dirigen hacia Fernando, quien toma las llaves).

(Aquí, uno de los dignatarios árabes (3) que rompe a llorar, se va rápidamente y exclama)

Dignatario (3): No hay poder sino de Dios

(Lo repite varias veces).

(**Fernando** ***agita las llaves victorioso, mientras suenan en su mano, las besa y se las entrega a*** **Isabel*****)***

Un sacerdote se mueve (tras una mirada de **Fernando*****):***

Un sacerdote: Vamos señores, ¿A qué están esperando?

Salgan de este lugar. ¡Quien no tiene llaves no tiene lugar!

(Los personajes se oscurecen)

Quinta escena

(La iluminación vuelve a la cortina trasera)

Se lleva a cabo una feroz persecución acompañada de música, gritos y relinchos de caballos.

(Oscuro)

Tercer acto

Primera escena

(En el dormitorio de **Boabdil:** *Mientras recoge sus pertenencias... Entra su madre y le pregunta):*

Madre de Boabdil: ¿A dónde te marchas, si Dios quiere?

Boabdil: A Marruecos.

Madre: ¿A Marruecos?

¿De esta manera, abandonas tu reino, el reino de tus antepasados y la herencia de árabes y musulmanes y huyes?

Boabdil: No tengo nada que pueda hacer y los peligros nos rodean.

Madre de Boabdil: Tenías que haberte dado cuenta antes de que los peligros que amenazan a un rey por parte de sus crueles enemigos, mientras que está sentado entre los muros de su inexpugnable palacio, son más grandes y más peligrosos que los peligros que lo amenazarían si estuviera en la tienda de su campamento en el campo de batalla

No hay poder sino de Dios.

Mírame...

Soy Aixa, "la honesta".

Soy una reina, esposa y madre de un rey.

Soy una mujer libre, querida por mi familia, y mi familia querida por mi nación.

Y mi nación es la más querida y la mejor nación del mundo. Mírame...

¿Cómo me ves ahora?

Soy una mujer perdida y rota.

Lista para ir al exilio.

Boabdil: ¿Qué pude haber hecho que no hiciera?

La Madre: Árabes a tu alrededor, todos los árabes te enviaron delegaciones, pero estás en total ausencia de todos, y en completo secreto te reúnes con Zafra, arreglas los asuntos por tu cuenta haciendo un pacto con los enemigos, te peleas con los leales a tu causa y entregas tus armas. ¿Qué te queda que no hayas entregado a los enemigos?

Como si el asunto no concerniese a nadie.

Actúas según tus deseos.

¿Dónde están los huérfanos...?

¿Dónde está la sangre del mártir?

El asunto no es solo de Granada, es el asunto de todos los musulmanes. Hubiera sido más apropiado para ti reunir a hombres sinceros a tu alrededor, sacar fuerzas de tu religión y extender tu mano a tus hermanos musulmanes, consultarles su opinión e involucrarlos en el tema. Cuando firmas, firmas... Y es tu poder obligar al oponente a cumplir sus promesas de guerra y paz.

Firmas... cuando se preserven tu dignidad y derechos. No firmes hasta que estés seguro de tener la voluntad para hacerlo. Después de eso firmas, no importa si el tratado de paz está en el aire.

(Boabdil llora)

Madre: ¿Estás llorando? Cálmate, y recuerda que la magnificencia es una de las características de los reyes y príncipes árabes y musulmanes, que no son apropiados para que desaten sus sentimientos de dolor y tristeza como lo hacen los demagogos...

(La voz de* Boabdil *se eleva en un llanto profundo).

La Madre: Entonces, *llora* como mujer lo que no supiste defender como *hombre*.

(Oscuro)

Segunda escena

(Después de que Boabdil se fuera de Granada)

Voz en off: Granada atravesaba años muy duros y la ciudad sufría bajo las inclemencias de estos años.

(Un grupo de hombres encubiertos de la resistencia esperan la llegada de la "Señora de las Alpujarras", quien llegó mirando a su alrededor y, cuando los vio, los examinó y luego comenzó a decir sus nombres):

La Señora de las Alpujarras: Ahmed, Muhammed, Abdullah... Bienvenidos a los hombres de la resistencia.

(Un miembro de la resistencia revela su rostro):

Ahmed: ¿Cómo me reconociste, Señora de las Alpujarras?

Señora de las Alpujarras: ¿"Señora de las Alpujarras"? ¿Me apodasteis con este nombre?

Muhammed: Sí, por lo que hiciste en la Batalla de las Alpujarras...

Señora de las Alpujarras: Llevaré con honor el nombre de "Señora de las Alpujarras"... Fue la batalla más grande acontecida entre nosotros y el enemigo, en la que hubo una gran pérdida de vidas.

Abdullah: Por dios, uno se imagina que uno de nosotros en esa batalla era como un ejército y tú, señora de las Alpujarras, has jugado un gran papel.

Ahmed: También lo son las otras mujeres militantes.

Señora de las Alpujarras: Casi olvido las armas que os traje. Las escondí allí.

(La "Señora de las Alpujarras" va a buscar las armas... Son rifles anticuados y espadas que saca de un paquete. Y entre todas esas armas había también un cuchillo... Les entrega las armas y después de tomar el cuchillo y esconderlo en el regazo dice:)

Señora de las Alpujarras: Me quedaré con este cuchillo para defenderme.

Muhammed: Toma un rifle o una espada.

Señora de las Alpujarras: No... Nadie sospechará jamás de este cuchillo. Están buscando a los hombres de la resistencia usando recompensas, amenazas y torturas.

Abdullah: ¡¿Tu cuerpo tendrá la fuerza para soportar la tortura?! ¿O revelarás todos nuestros secretos?

Señora de las Alpujarras: ¡Por dios!, aunque me corten, no divulgaré vuestro secreto.

(Se oye venir a los soldados)

Señora de las Alpujarras: Huid antes de que lleguen.

Hombres de la Resistencia: Adiós, "Señora de las Alpujarras".

Señora de las Alpujarras (con una voz que expresa algo de tristeza): Adiós, queridos hombres de mi corazón... Adiós ¡Oh, hombres de corazón puro!

(La Señora de las Alpujarras desaparece).

(Oscuro)

Tercera escena

(Iluminación)

(Entra el comandante español, acompañado de uno de los oficiales... Mientras unos soldados se despliegan por el lugar buscando algo)

(El oficial se dirige al comandante):

Oficial: ¿No podría revelar los nombres de estos criminales?

Comandante: Todavía no conocemos a ninguno de ellos, pero sabemos que su secreto está con una mujer. Si la arrestamos, la resistencia terminará.

Oficial: ¿Por qué no la arresta entonces?

Comandante: Recibimos la noticia hace un rato, y ahora nos dirigimos a la ciudad para arrestarla.

(Se escucha a una mujer gritando a los soldados, antes de entrar al escenario):

Señora de las Alpujarras: ¡Oh, criminales! ¡Dejadme!...

Déjame... Déjame...

(Entonces aparecen los dos soldados, uno agarrándola de la mano y el otro por el cabello, y la llevan al escenario cerca del público... Y ella grita):

Señora de las Alpujarras: ¡Déjame... Déjame...!

Soldado: Señor, la encontramos escondida detrás de un árbol.

Comandante: ¡Oh!, usted debe ser la señora de la que me hablaron... Encaja con la descripción que nos dieron de usted. ¡Soldados! Tomadla y torturadla hasta que revele la ubicación y los nombres de los hombres de la resistencia.

(Los soldados la arrastran fuera del escenario)

(Apagón)

(Se escuchan látigos y gritos de la "Señora de las Alpujarras")

(La iluminación está volviendo gradualmente)

(El Comandante camina sobre el escenario)

Soldado: Señor, dice que confesará.

Comandante: Traedla aquí rápido.

(Los soldados llevan a la "Señora de las Alpujarras", y ella gime de cansancio, con las manos atadas)

Comandante: ¿Confesarás? Confiesa, y no serás lastimada... Vamos... Vamos, confiesa.

Señora de las Alpujarras: Entonces ordéneles que me desaten, y lo admitiré... Te lo contaré todo...

(Un soldado le suelta las ataduras)

(La "Señora de las Alpujarras" se levanta como si estuviera arreglando su ropa sacando el cuchillo y, avanzando hacia el público, se corta la lengua y se la tira al rostro del líder. De su boca brota sangre. Esta posición se acompaña de efectos sonoros, ya que ella da la vuelta al escenario como una loca, abriendo la boca de la que brota sangre mientras grita con su voz muda)

Comandante: Llevadla lejos de mí.

(Al mismo tiempo entra un cura y mira a la "Señora de las Alpujarras" mientras le grita al comandante)

Cura: (Dirigiéndose al comandante) ¿Qué es esto?

Comandante: Se cortó la lengua para no revelar los secretos de la resistencia. Te haré, oh Granada, un ejemplo para todos los musulmanes.

Los mataré...

Los quemare...

No dejaré a ningún musulmán vivo...

Cura: Eso está prohibido... Matar sin razón.

Comandante: Tengo miles razones y motivos.

¡Soldados! Entrad en Granada y traed aquí a todos los que encontréis.

(Los soldados salen corriendo del escenario)

Cura: Vine aquí para establecer la Inquisición, con todas las reglas y leyes que pueden castigar a los musulmanes.

(Los soldados regresan con un musulmán)

(Uno de ellos dice):

Soldado: Señor, encontramos a este...

(Oscurecimiento gradual)

Cuarta escena

(La iluminación del telón de fondo revela la marcha de musulmanes encadenados y atados... Y los soldados españoles los trasladan)

(Iluminación sobre el propietario del caso y el testigo)

Propietario del caso: ¿Qué es esto? ¡¿Quiénes son?!

Testigo: Estos, son los musulmanes de Granada, ya que la Inquisición los persiguió y mató a cientos, incluso a miles de ellos, lo que hizo que las montañas se llamaran "montañas rojas" por la abundancia de sangre que las cubría.

El lema de la Inquisición era "un musulmán muerto es mejor que un musulmán vivo".

Testigo: Se confirmaron las predicciones del poeta andaluz, Abul Beka al-Rondi:

Ayer fueron reyes en sus casas,

Hoy son esclavos en el país de la incredulidad.

Los ves confundidos sin guía que los dirija,

Sufren todo tipo de humillaciones.

(Oscuro)

Quinta escena

Voz en off: Y se estableció la Inquisición

(El telón se abre a un grupo de musulmanes: Algunos se reúnen y otros son llevados ante un juez y un cura para ser juzgados)

(Un militar presenta a un musulmán y dice):

Militar: Escuchamos a esta persona decir que el islam es el mejor y que Jesús es el profeta de Dios y no un dios.

(El juez, después de consultar con el cura y mover la cabeza asintiendo):

Juez: Lo condenamos a quemarlo vivo. ¡Llevadlo!

(El hombre musulmán grita):

Musulmán: ¿Dónde están los acuerdos? ¿Dónde está el tratado de paz? ¿Dónde están los acuerdos? ¿Dónde está el tratado de paz?

(Su voz desaparece mientras lo arrastran fuera del escenario... Mientras el juez y el cura ríen)

(Un militar presenta a otro hombre y dice):

Militar: Encontramos que este hombre circuncidó a sus hijos y les dio nombres islámicos.

(El juez, tras consultar con el cura, emite veredicto en su contra):

Juez: Lo sentenciamos a muerte... Será ejecutado insertando barras de hierro caliente en su cuerpo.

(El musulmán grita)

Musulmán: ¿Qué hice?

¡Temed a Dios! Entre nosotros y ustedes hay acuerdos y tratados.

¡Entre nosotros y ustedes hay acuerdos y tratados!

¡Entre nosotros y ustedes hay acuerdos y tratados!

(Su voz se va disipando mientras lo arrastran fuera del escenario... Y el juez y el cura se ríen)

(Un militar presenta a otro anciano musulmán, diciendo):

Militar: Encontramos a esta persona ayunando durante el Ramadán.

(El juez consulta con el cura)

Juez: Ejecución... Ejecución.

Se ejecutará aplastando sus huesos desde la parte

superior de la cabeza hasta el dedo del pie con una prensa de madera pesada.

Anciano Musulmán: ¿Quieres mediante la opresión y el asesinato aniquilar la santidad de los musulmanes? ¿Quieres que los musulmanes sean humillados y sumisos para hacer de su hogar una casa de incredulidad en la que un musulmán no se atrevería a hacer una llamada a la oración, realizar un rezo o pronunciar la palabra de unidad de Dios o ayunar durante el Ramadán? Vosotros también ayunáis, ¿Entonces el ayuno es un pecado que merece ser castigado con la muerte?

Juez: ¡Fuera de este país!

Musulmán: Dejadme ir... Y no volveré a este país.

Juez: ¡No! ¡Serás un ejemplo para los demás! Salid todos de esta tierra.

Musulmán: No podrás arrancarnos de esta tierra e incluso si nos arrancan los tallos, volveremos a crecer de nuevo, no saldremos de nuestra tierra.

(El juez, el cura y los militares salen y quedan los demás musulmanes reunidos)

(Alguno de ellos grita):

Musulmán 1: Rompieron el Corán...

Musulmán 2: Han demolido las mezquitas.

Musulmán 3: No, las convirtieron en iglesias.

Musulmán 4: Nuestro dinero fue saqueado.

Musulmán 5: Nuestro honor ha sido mancillado.

Musulmán 6: Nuestros hijos quedan huérfanos.

Todos: Dios es grande... Dios es grande... Dios es grande...

Anciano Musulmán: ¡Oh, musulmanes en el este y oeste de la tierra! Vuestro profeta ha sido insultado... Y vuestro Corán está siendo pisoteado…

Musulmán (4): ¡Oh, nación de Mahoma!... ¡Oh, nación de Mahoma!...

Musulmán (3): ¡Oh islam!... ¡Oh islam!... ¡Oh islam!

(Entra un grupo de soldados enemigos, con látigos en la mano, expulsan a los musulmanes, pero giran en la escena y regresan cada uno cargando un bulto y los soldados los dirigen mientras gritan):

Soldados: ¡Fuera de esta tierra!

(Los musulmanes hacen un movimiento circular en el escenario cantando mientras los soldados están detrás de ellos):

Musulmanes: Volveremos... Volveremos... Volveremos... Volveremos...

(Se cierra el telón y acaba la escena)

Sexta escena

(El propietario del caso sale al escenario llamando, desde la sala donde está el público):

Propietario del caso: Espera... Espera... El caso ... ¿Dónde está el caso?

(Sosteniendo el gran libro)

Testigo: ¿Qué caso?

Propietario del caso: ¡Mi caso!

Testigo: Tu caso no está aquí.

(Señala al libro con la mano...)

Propietario del caso: ¿Dónde está entonces?

(Señalando a la cabeza del propietario del caso...)

Testigo: Tu caso está aquí... Aquí...

Propietario del caso: (Pensando) ¡¿Aquí ?!

Testigo: Sí. Dime, ¿Has leído historia?

Propietario del caso: Sí, ahora lo he leído, o más bien, lo he visto.

Testigo: ¿Has entendido la historia?

Propietario del caso: Sí, sí.

Testigo: ¡Trabaja en ello y así ganarás tu caso! ¡¿Entendiste?!

Propietario del caso: Sí, lo he entendido.

El Testigo de la historia: Entonces, regresaremos… Regresaremos.

El dueño del caso: Si Dios quiere, regresaremos.

(Y todos cantan la canción...)

Todos: Regresamos... Regresamos...

(Los actores cantan... Y le piden a la audiencia que participe del himno):

Todos: Regresamos... Regresamos...

Telón

Fin

www.ingramcontent.com/pod-product-compliance
Ingram Content Group UK Ltd.
Pitfield, Milton Keynes, MK11 3LW, UK
UKHW021958190726
13853UKWH00004B/1606

9 789948 469209